La Légende de Bouddha

Édouard Schuré

Édition : BoD · Books on Demand, 31 avenue Saint-Rémy, 57600 Forbach, bod@bod.fr
Impression : Libri Plureos GmbH, Friedensallee 273, 22763 Hamburg (Allemagne)
ISBN : 978-2-3224-9612-9
Dépôt légal : Mars 2025

LE

BOUDDHA ET SA

LÉGENDE

UNE RÉSURRECTION DU BOUDDHA.

I. *The Light of Asia, being the life and teaching of Gautama, prince of India and founder of Buddhism,* by Edwin Arnold, 22$^\text{e}$ édition, 1885. — II. *The Life of the Buddha, and the early history of his order, derived from Tibetan works,* translated by Rockhill, 1884. — III. *Les Bibles et les Initiateurs religieux de l'humanité,* par M. Louis Leblois, 1884. — IV. *La Légende du Buddha,* par M. Senart, 1882. — V. *Per Buddhismus und seine Geschichte in Indien,* von Heinrich Kern. Leipzig, 1882. — VI. *Les Religions de l'Inde,* par A. Barth, 1879. — VII. *Le Bouddha et sa Religion,* par M. Barthélemy Saint-Hilaire.

I.

Il y a juste un siècle que l'Inde surgit à l'horizon intellectuel de l'Europe[1]. Quelques traductions du sanscrit, plusieurs fragmens de la vieille épopée héroïque, le Mahâbhârata et un drame ravissant, *Sacountala*, révélèrent à l'Occident une vaste civilisation plus vieille que la Grèce, plus riche que l'Égypte et qui, par des trésors d'immémoriale sagesse, s'annonçait comme l'aïeule vénérable de toutes les autres.

Ce fut tout d'abord un vertige, un éblouissement. Il avait déjà fallu à l'homme moderne un certain effort pour remonter jusqu'à l'antique Hellade et à la Palestine. Pourtant il s'en souvenait comme d'un rêve : Athènes était une de ses patries et la Galilée une station de son âme. Voici qu'un monde énorme, étrange, troublant et gigantesque s'ouvrait à son imagination dans les profondeurs de l'Orient, il éprouvait devant lui les mêmes sensations qu'un homme transporté tout à coup sous ces masses colossales de l'Himalaya qui escaladent le ciel de leurs crêtes étincelantes. Le massif himalayen avec les vallées du Thibet occupe à lui seul plusieurs fois la superficie de la France. La panthère habite à ses pieds et l'aigle d'or qui plane sur ses flancs n'atteint pas à ses cimes, les plus hautes du globe. L'île de Ceylan, que Rama conquit avec une armée de singes contre le démon Râvana, selon la légende, est à elle seule un petit continent où toutes les zones sont représentées. Hommes et dieux se la disputent. À son sommet l'on peut voir l'empreinte colossale du pied d'Adam, de Brahma ou de Bouddha, selon la religion à laquelle on appartient. Ici tout dépasse les proportions connues : le pays, les monumens et la littérature. Les mesures ordinaires de temps et d'espace deviennent insuffisantes ; la chronologie de l'Inde est plus trompeuse que les mirages du désert. Dans la plaine de Delhi, la cité fabuleuse de Hastinapoura et la légendaire Indrapêchta jonchent de leurs débris vingt-six kilomètres carrés. Ces pagodes à demi écroulées, ces cryptes profondes, ces mausolées où l'on se perd, ces topes qui dominent de distance en distance la nudité du sol blanc sont le cimetière d'empires sans nom et de dieux oubliés. Qu'est-ce que Rome avec ses trois mille ans d'histoire devant ces ruines où dort une centaine de siècles écroulés ? — Quant à la poésie de cette antique littérature, la première impression qu'elle produit sur l'esprit occidental est celle de ces immenses forêts de l'Inde, peuplées de haut en bas d'êtres étranges et monstrueux. L'éléphant y foule sous ses pieds les bambous et les cèdres, le serpent s'y enroule autour des lianes, les singes espiègles s'y balancent sous les voûtes de verdure. L'homme submergé dans cette nature enivrante subit son souffle de vie et de mort. — Mais au fond de ces jungles il y a un personnage mystérieux, en apparence inoffensif, en réalité tout-puissant, qui fascine, effraie et mène tous les autres : le richi, l'ascète. Il se plonge en des spéculations métaphysiques d'une profondeur étourdissante. Il peut faire évanouir le monde comme un songe ; il dispose de la vie même des dieux par la force de sa méditation. Tous les êtres le craignent et l'adorent. Ce sage qui a renoncé à tout est un grand magicien ; c'est véritablement et à tous les âges le maître de l'Inde. — Le plus grand charme de ces poëmes héroïques, ce sont les ermitages délicieux qu'on rencontre en ces forêts terribles, où de sages et pieux anachorètes élèvent de jeunes pénitentes au bord des étangs semés de nymphéas bleus, parmi les cygnes et les antilopes. Telle l'histoire de Sacountala, trouvée dans une de ces retraites par le roi Douchanta. Sacountala est un type tout à fait indou de grâce et de morbidesse dans la passion. L'amour s'enveloppe ici d'une tendresse exquise pour la nature, pour les plantes et les animaux domestiques. La volupté discrète s'avive d'une brise d'ascétisme qui semble souffler des cimes lointaines. Nous sommes dans la vie et dans l'amour, mais le monde du renoncement et de la paix éternelle brille à l'horizon, sans menace, sans envie, comme le sourire du ciel au paradis terrestre. Cette fraîcheur savoureuse et lumineuse, cette largeur de perspective qui, du sein d'une idylle, embrasse tous les horizons de la pensée, séduisit le vieux Goethe et lui fit dire en résumant sa révélation de Sacountala et de l'Inde : « Veux-tu les fleurs du printemps et les fruits de l'automne ? Veux-tu le parfum qui enivre et le mets qui nourrit ? Veux-tu d'un seul mot embrasser le ciel et la terre ? Je te nomme Sacountala et j'ai tout dit[2]. »

Mais l'Inde réservait à l'Europe bien d'autres étonnemens. La publication d'une traduction des Védas, en 1805, devait lui révéler ses propres origines. En comparant les idiomes des principaux peuples de l'Occident à l'idiome védique, on reconnut dans celui-ci le rameau le plus ancien d'un même tronc. Les Perses, les Grecs, les Latins, les Germains, les Celtes et les Slaves descendaient d'une même souche : la fière race aryenne. C'est d'elle que nous viennent la langue, le verbe, l'étincelle divine, toutes les notions premières, qui, malgré des variations infinies, sont restées les colonnes de notre vie morale et intellectuelle. Dans ces Aryas primitifs, dans ce peuple demi-pasteur, demi-guerrier, on reconnut de nobles ancêtres, le véritable berceau de notre civilisation, la source pure et sacrée de la religion et de la poésie. Beaucoup moins développés que l'homme moderne par le raisonnement et par l'intelligence de l'univers physique, ces Aryas avaient dans leur simplicité et leur grandeur une sorte d'intuition directe et sublime du fond de la nature et des choses divines. Leur panthéisme spiritualiste est plein de profondeur. Agni, le feu céleste ou l'éther, était pour eux à la fois le principe de l'âme et de la matière. Le culte du feu devant l'aurore symbolisait le sacrifice de l'âme individuelle devant l'âme universelle par la prière et l'adoration. Ces patriarches-prêtres de famille et de tribu avaient le sentiment de converser familièrement avec des êtres supérieurs qu'ils nommaient les dieux. Ils prétendaient en descendre et quelquefois lutter avec eux pour mieux les égaler. Ils identifièrent l'idée de la divinité avec celle de la lumière. Leurs *Dévas* signifiaient les *lumineux* et sont les ancêtres de tout le panthéon persan, hellénique et Scandinave. Par les livres sacrés de l'Inde on apercevait ainsi le rayonnement des races, la filiation des religions, la patrie première. Était-ce à ce berceau doré de lumière, à cet Éden à jamais perdu que remontaient les vagues ressouvenirs des traditions populaires, les rêves effacés d'âge d'or, de félicité hyperboréenne ? Était-ce de là qu'elles étaient parties, les divines espérances, pour leur interminable voyage à travers les misères de l'humanité ? S'étaient-elles séparées pour un éternel adieu ou pour quelque lointain et mystérieux revoir ? — Emporté dans cette course éblouissante par-dessus les peuples et les âges, l'esprit moderne ressemblait au roi Douchanta revenant des hautes demeures du ciel sur le char d'Indra par la route des airs. Les roues reluisent de rosée ; les chevaux fougueux, enveloppés d'éclairs, fendent les nuées épaisses. Mais enfin les cimes des montagnes émergent des couches de brume et ruissellent d'or au soleil couchant ; les fleuves se dessinent dans les profondeurs ; le continent s'étale jusqu'à l'océan, et le roi dit à son guide : « Vois-tu ! la terre se lève vers moi. Il me semble qu'on me l'apporte comme un présent. »

Héritière directe des Aryas primitifs, l'Inde avait donc pris place à l'origine de tout notre développement philosophique et littéraire. Mais personne ne supposait alors qu'on y retrouverait aussi la source de cet autre grand courant d'idées et de sentimens, j'entends de cette charité attendrie, de ce spiritualisme ascétique, de ce mysticisme transcendant que nous tenons du christianisme. Les sous-courans magnétiques de l'histoire résultent de l'action réciproque de deux pôles de l'esprit humain : le pôle sensualiste et philosophique ; le pôle spirituel et religieux. On avait pris l'habitude de placer le premier en Grèce et le second en Judée. On devait les retrouver tous les deux dans l'Inde. C'est surtout le premier qu'on avait senti dans le védisme et le brahmanisme ; la découverte du bouddhisme fit connaître la présence du second à un singulier degré d'intensité. Lorsque, au XIIIe siècle, Marco Polo avait rapporté pour la première fois, de Ceylan en Europe, la légende du Bouddha, il n'avait vu dans le grand réformateur qu'un fils de roi qui s'était fait ermite. Il disait de lui simplement et naïvement : « S'il eût été chrétien, il serait un grand saint avec Notre-Seigneur Jésus-Christ, à la bonne vie et honnête qu'il mena[3]. » Mais, lorsque, en 1821, l'Anglais Hodgson découvrit, dans les monastères du Népal, les manuscrits bouddhiques originaux, *la Triple Corbeille* et le *Lotus de la bonne loi* ; lorsque Eugène Burnouf eut dédié sept années de sa vie à l'étude des soixante-quatre manuscrits que Hodgson envoya à la Société asiatique de Paris ; lorsque, enfin, il publia son admirable *Introduction à l'histoire du bouddhisme*, on commença à se douter de l'importance d'une religion, qui, malgré sa forme très dégénérée, compte encore aujourd'hui parmi ses adhérens un tiers de l'humanité. Les travaux qui suivirent : ceux de Weber, de Max Muller, de Wassyljew, de Foucaux, de Stanislas Julien et de tant d'autres ont augmenté cet intérêt d'année en année. Actuellement, une armée d'indianistes anglais, allemands et français fouillent les origines du bouddhisme. La doctrine du fondateur, qui n'intéressait d'abord que les érudits, a fini par préoccuper, par inquiéter même les philosophes, les théologiens, les penseurs de notre âge. La figure de Çâkya-Mouni s'est dégagée enfin de la poussière des parchemins, elle est sortie des lamaseries jalouses, et nous nous trouvons en face d'un type dont la noblesse et la grandeur nous rappellent involontairement l'image de Jésus. En même temps, il nous laisse dans l'âme un doute aigu. Car son regard d'ascète, doux et perçant, subtil et profond comme sa doctrine, est de ceux qui posent devant nous avec le plus d'insistance la grande question de l'au-delà : *Être ou n'être pas !* Est-il vrai, comme l'a cru jusqu'à présent toute la science occidentale, soutenue par le pessimisme de Schopenhauer et de son école, que le Bouddha ait prêché sa morale sublime pour conclure au néant ? que l'effort prodigieux de sa métaphysique ait pour dernier terme l'extirpation de la vie, l'annihilation de l'âme, l'engloutissement de l'être dans le trou noir du *Nirvâna ?* — Ou bien, comme le prétendent les partisans de la doctrine ésotérique, ce Nirvâna, qui nous a tant effrayé et fasciné, n'est-il qu'un voile impénétrable aux yeux profanes, transparent aux initiés, qui recouvre les splendeurs d'une immortalité cent fois plus brillante que celle de tous les cieux mythologiques, et d'une évolution spirituelle en harmonie avec toutes les lois de l'univers ?

Ce n'est pas dans une étude historique, c'est dans un véritable poème que M. Edwin Arnold a tenté de résoudre ce problème et de ressusciter le Bouddha avec sa physionomie vivante. M. Edwin Arnold appartient à un groupe d'esprits distingués de l'Angleterre qui se sont passionnés pour l'Inde. Ce groupe ne s'intéresse pas seulement à sa nature, à sa poésie grandiose, aux destinées d'une race qui a survécu à la conquête mahométane et reprend courage en sa renaissance au contact de l'Occident sympathique. Il croit en outre que l'étude approfondie des philosophies et des religions de l'Orient à la lumière du génie aryen n'est pas indifférente pour la solution du grand conflit entre la science et la religion qui divise notre époque. Il y a là un signe du temps. Ce retour de l'extrême Occident vers l'extrême Orient, comme vers l'aurore de ses plus sublimes révélations, n'est pas le regret maladif d'un passé reculé, mais plutôt l'affirmation instinctive de la Vérité une, qui domine tous les siècles, toutes les races, en grandissant d'âge en âge. Dans l'écroulement de l'ancienne foi, dans l'incertitude de la science sur les causes et les fins dernières, l'Inde a peut-être encore des secrets à nous dire. Quoi qu'il en soit, ce même problème de la destinée, de la vie et de la mort, qui nous agite toujours, avait chassé de son harem plein de délices le fils d'un roi, six cents ans avant notre ère, pour le pousser dans la solitude et dans l'ascétisme, d'où il sortit en réformateur doux et redoutable. Jamais peut-être ne vit-on si grand et si terrible effort de l'âme sur elle-même pour échapper au tourbillon de la vie et aux prises du temps ; jamais n'essaya-t-on de briser les portes de l'infini d'une si audacieuse logique, d'une si persévérante énergie.

Avec l'aide de M. Arnold, nous allons essayer de raconter à notre tour la pathétique histoire de Çâkya-Mouni. Pour achever ce tableau, nous aurons recours à l'ensemble des légendes sur le Bouddha. Avant tout, nous nous efforcerons de mettre en relief le drame intérieur qui se déroula dans cette grande conscience.

II.

Six cents ans avant le Christ, dans le Népal, au sud de l'Himalaya, s'élevait la ville de Kapilavastou. Un pays d'abondance riait aux entours. D'un côté, les collines mamelonnées se perdaient par une fuite insensible dans l'immensité des plaines ; de l'autre, s'étageaient des chaînes de pourpre sombre et d'émeraude ; par-dessus, les plus hautes cimes de la terre brillaient comme un diadème d'argent.

Dans cette ville régnait un roi juste. Il s'appelait Çouddhôdana et appartenait à la race des Gautamides, ou fils du soleil. Il épousa une femme de sa propre race, du nom de Maya. Elle avait des cheveux d'or, une âme tendre ; et la volupté timide nageait dans son sourire. On dit, en Inde, que les mariages d'amour sont faits par les Gandharvas, les musiciens célestes. Ces invisibles jouèrent des mélodies éthérées et ravissantes aux noces de Çouddhôdana et de Maya. Cependant, les années s'écoulaient et les époux n'avaient pas d'enfant. Une nuit, dormant près de son seigneur, Maya fit un songe étrange. Elle crut voir une étoile du ciel, splendide, à six rayons, couleur de perle rose, venir du fond de l'espace comme un météore. À mesure qu'elle se rapprochait, Maya aperçut à

11

son centre, comme la marque d'un sceau, un éléphant blanc à six défenses. L'étoile fondit sur elle et entra dans son flanc par le côté droit[4]. Lorsqu'elle s'éveilla, un bonheur inconnu des mères inonda son être ; et, sur la moitié de l'hémisphère terrestre, une lumière charmante préséda le matin. Les fortes collines reçurent un choc ; les vagues, doucement bercées, s'endormirent ; la joie de la reine pénétra jusqu'aux couches livides et noires de l'espace où flottent les âmes maudites. Ainsi, le soleil darde des frissons d'or dans la sombre épaisseur des forêts. Un tendre soupir s'éleva des profondeurs et courut sur la surface de la terre. Et l'on entendit une voix dire dans un murmure : « Écoutez ! espérez ! le Bouddha est venu ! »

Quand la reine Maya fut prise des douleurs maternelles, elle eut de tels éblouissemens qu'elle ne put rester dans son palais. Soutenue par ses femmes, elle alla s'asseoir dans le jardin royal à l'ombre d'un palsa au large tronc, aux feuilles brillantes. Là, à la lumière du grand jour, près d'un torrent de cristal, elle mit au monde un enfant au front bombé. On le crut mort parce qu'il ne jeta pas un cri quand soudain il ouvrit sur le grand ciel des yeux profonds et tristes.

Le roi Çouddhôdana était au comble du bonheur. Ses devins ordinaires, flatteurs à gage, lui annoncèrent que son fils serait un grand dominateur, qu'il aurait les sept dons : le disque, le joyau, le cheval, l'éléphant, le ministre, le général, la femme gracieuse comme une perle et plus aimable que l'aube. Çouddhôdana, ravi de ces prédictions, appela son fils Siddârtha, ce qui veut dire : prospérant en tout ; et, pour célébrer sa naissance, il ordonna une grande fête. On pavoisa la ville, on arrosa les rues de parfums. De tous côtés accoururent les dompteurs de tigres, les charmeurs de serpens, les hommes déguisés en ours et en daims, les danseurs de corde et les bayadères qui portent à leurs chevilles des clochettes sonnant comme un rire éternel. Au milieu de ce bruit, un anachorète, un saint inconnu, tout couvert de poussière et de ronces, entra dans le palais et se présenta devant le roi. On disait qu'il venait de loin, mais personne ne savait d'où. La reine, en voyant les rides de son visage décharné et l'éclat de ses yeux, voulut mettre l'enfant à ses pieds. Mais il dit : « Pas ainsi, reine ! » et lui-même se prosterna devant l'enfant. Puis se relevant, il ajouta : « roi, c'est la fleur de l'arbre humain qui ne s'ouvre qu'une fois en bien des myriades d'années, mais qui, une fois ouverte, remplit le monde du parfum de la sagesse et du miel de l'amour. De ta racine royale va jaillir un lotus céleste. » Après avoir vénéré l'enfant, le richi partit comme il était venu, et jamais on ne le revit. Et le roi pensa en lui-même : « Ce message m'annonce que mon fils sera le plus grand des monarques et qu'avec ses armées il asservira toutes les autres. » Mais la reine Maya, perdue en un songe, s'éteignit sans douleur après sept jours, comme si les Dévas la jugeaient trop sacrée pour un autre enfantement.

On donna pour maître au jeune Siddârtha le sage Viçvâmitra, qui lui enseigna l'écriture, l'arithmétique et les langues. Il apprenait avec une telle facilité qu'il en sut bientôt aussi long que son maître. Mais il ne faisait pas montre de son savoir. Quand Viçvâmitra lui expliquait comment il fallait s'y prendre pour compter jusqu'à cent, Siddârtha écoutait avec des yeux humbles et attentifs. Quand le sage priait l'enfant de compter à son tour, il comptait, comptait sans s'arrêter ; il énumérait les dizaines, les centaines, les milliers et les millions, il semblait vouloir compter les grains de sable de la mer et les étoiles du ciel, si bien que Viçvâmitra lui dit un jour : « Doux prince, tu viens à mon école seulement pour me montrer que tu sais tout sans les livres et que ta modestie égale ton savoir. »

Le fils de Çouddhôdana était royal de mine, mais plein de douceur dans ses manières. Comme il grandissait, on vit qu'il était d'un sang intrépide, quoique tendre de cœur. Il n'y avait pas de cavalier plus audacieux à poursuivre les gazelles, pas de conducteur plus ardent à la course des chars. Mais sur un point il ne ressemblait pas aux autres. Souvent, lancé au galop sur son cheval, l'arc tendu, il voyait passer la gazelle épouvantée en bonds rapides ; mais au lieu de lâcher la flèche, il s'arrêtait pris d'un soudain tremblement, et laissant là ses compagnons de chasse, il s'en allait dans un rêve étrange de tristesse et de compassion. — Un jour qu'il se promenait avec son cousin Dévadatta dans le jardin royal, ils virent passer très haut dans l'air un vol de cygnes sauvages dont la longue file se dirigeait vers l'Himalaya. Dévadatta tendit son arc et la flèche partit. Quelques instants après le cygne conducteur de la troupe voyageuse tomba, l'aile blessée, sur le gazon. Aussitôt Siddârtha courut le ramasser et coucha l'oiseau sur ses genoux. Après avoir caressé doucement ses plumes hérissées, il tâcha d'apaiser les battemens de son cœur ; puis il chercha des feuilles et du miel pour guérir la blessure. « Ce cygne m'appartient par le droit de chasse, » dit Dévadatta, montrant sa flèche ensanglantée. — Non pas, dit Siddârtha, cet oiseau est à moi par un droit supérieur. Je l'ai pris sous ma protection et tu ne me l'enlèveras pas. Ta flèche ne peut rien contre ma pitié. Par ce même droit des milliers d'êtres m'appartiendront. J'enseignerai la compassion aux hommes et je serai l'interprète des douleurs muettes. »

Siddârtha ne connaissait encore de la douleur du monde que les gouttes de sang sur l'aile d'un cygne. Mais le premier tressaillement de son cœur avait fait jaillir son âme et réveillé son esprit en sursaut. Il savait maintenant que cette âme était la sœur de toutes les souffrances ; mais ces souffrances, les connaîtrait-il ? Il sentait un vague désir d'étreindre le monde ; mais ce monde comment le trouver ?
— Dans la belle saison, le roi son père l'emmenait souvent à la campagne pour lui faire goûter la beauté de son domaine. Il lui montrait les ruisseaux babillards sous les palmiers, le limon rouge labouré par les buffles, les nids jaseurs au fond des jungles. Les paons rouges volaient autour des temples et le bruit sauvage du tambour annonçait une noce. Siddârtha regardait. Ses yeux se réjouissaient, mais son cœur ne se réjouissait pas. Il roulait en lui-même ces pensées : « Le lézard mange la fourmi, le serpent le lézard et l'autour les dévore tous les deux. L'épervier des

étangs dispute sa proie à la loutre. La pie-grièche chasse le bulbul, qui chasse les papillons émaillés. Chacun tue pour être tué à son tour ; le meurtre est partout ; la vie se nourrit de la mort. » Après ces promenades, il allait s'asseoir à l'écart en réfléchissant au grand problème du mal dans la vie. Il se disait : « Quelle est sa source lointaine ? et où est le remède ? » Mais à cela il ne trouvait pas de réponse.

Déjà Siddârtha avait atteint l'âge de dix-huit ans. Son père, le voyant toujours méditer comme un richi, devint fort inquiet. Il rassembla ses ministres et leur dit : « Je n'ai qu'un désir : que mon fils domine sur les royaumes. Mais j'ai peur qu'il ne prenne le chemin triste et bas de l'abnégation et des peines pieuses. Comment tourner ses pieds vers la voie fière qui lui donnera l'empire du monde s'il veut régner ? » — Le plus âgé des ministres répondit : « Maharaja ! l'amour guérira ce léger désordre. Tisse le charme des ruses féminines autour de son cœur oisif. Que sait-il des yeux qui font oublier le ciel et du baume des lèvres ? Les pensées que tu n'arrêteras pas avec des chaînes d'airain, une femme les liera avec sa chevelure. — Mon fils, dit le roi, ne se prendra pas à la volupté, il ne se prendra qu'à l'amour. Comment trouver celle qui touchera son cœur ? » — Le vieillard réfléchit un instant et reprit : — « Ordonne une fête, un concours de beauté, où les premières filles du royaume défileront devant ton fils pour recevoir des récompenses. Il s'en trouvera bien une qui saura lui décocher la flèche qu'on n'évite pas. » Le roi accéda à ce projet. Au jour dit, le prince s'assit sur un trône.

Les plus belles filles du royaume, fraîchement baignées, toutes parfumées, vêtues de châles magnifiques et formant un long cortège, défilèrent lentement devant lui. La contenance grave de Siddârtha intimidait ces cœurs volages. Il leur souriait avec bienveillance, mais sans aucune émotion. Quelquefois l'une d'elles, acclamée par le peuple, se détachait du défilé pour toucher la main gracieuse du prince et recevoir un présent. Mais à peine avait-elle rencontré ses yeux qu'elle s'enfuyait comme une antilope effarouchée, tant ce regard paraissait tomber d'une autre sphère.

À la fin, vint la jeune Yasôdhara, et ceux qui se trouvaient près de Siddârtha virent tressaillir le royal adolescent. Et la radieuse jeune fille approcha : une forme divinement moulée, une démarche comme celle de Parvarti, des yeux comme ceux d'une biche en temps d'amour, un visage si ravissant que des paroles ne peuvent en décrire le charme. Elle seule, — croisant ses mains sur sa poitrine, — osa rencontrer en plein le regard du jeune homme sans courber sa nuque fière : — « Y a-t-il un présent pour moi ? demanda-t-elle en souriant. — Les présens sont épuisés, répliqua le prince, mais prends ceci en compensation, puisque ta grâce a fait la joie de notre cité. » — Et, détachant le collier d'émeraudes qu'il portait, il le passa au cou de la belle Yasôdhara. Leurs regards se mélangèrent, et de ce regard naquit l'amour[5].

Yasôdhara étant elle aussi de la race des Gautamides, son père déclara qu'il ne la donnerait à Siddârtha que si le prince remportait sur les autres prétendans dans la lutte des jeux royaux. Siddârtha accepta le combat. Il resta vainqueur à l'arc, à l'épée, à la course à cheval et se montra en tout un kchattriyas accompli.

Alors la ravissante Indienne se leva de sa place parmi la foule, prit une couronne de fleurs de môgra, et, le voile encore baissé, elle passa parmi les jeunes rivaux et vint à l'endroit où Siddârtha était debout. La forme svelte du jeune homme se détachait sur le cheval qui avait placé docilement sa forte nuque sous le bras de son maître. Après s'être inclinée devant le prince, la jeune fille découvrit son visage céleste, rayonnant d'amour. Elle suspendit la couronne odorante au cou de Siddârtha et coucha sa tête adorable sur la poitrine de son époux, puis se courbant à ses pieds, elle dit les yeux remplis d'orgueil : — « Cher prince, regarde-moi, je suis à toi ! » — Et le peuple se réjouit en les voyant passer la main dans la main, cœur battant contre cœur. Elle avait rejeté le voile sur son visage.

Le mariage fut célébré selon le rite des Çâkyas. On fit mettre aux époux deux pailles dans une jatte de lait pour qu'elles se joignissent, ce qui veut dire : Amour jusqu'à la mort. On lia leurs vêtemens ensemble, on étendit les couronnes sur leurs têtes, on chanta les mantras. Et le père de Yasôdhara dit à Siddârtha : — « Prince vénéré, celle qui était à nous est maintenant à toi seul. Sois bon pour elle, qui a sa vie en toi ! »

Mais le père de Siddârtha ne se fiait pas à l'amour seul pour détourner son fils de l'ascétisme. À cet amour il réservait une prison enchanteresse. Près de la ville de Kapilavastou s'élevait une colline baignée par le Rohini. Un bois de tamaris la bordait au sud et le bruit de la ville n'y arrivait que comme un bourdonnement d'abeilles. À l'horizon septentrional on voyait surgir en rampes immaculées l'énorme rempart de l'Himalaya : plateaux, crêtes, précipices, sommets inaccessibles et, dans les mirages de l'air, les forêts enroulées aux flancs des monts en écharpes sombres parmi les cataractes tombantes et les voiles de nuages. — En face de ce paysage, sur une colline riante, le père de Siddârtha fit construire un pavillon de plaisance pour les nouveaux mariés. Frais et caressant séjour ! On y passait sur des seuils d'albâtre, sous des linteaux de lapis-lazuli, par des portes en bois de santal, parmi des faisceaux de colonnes multicolores. On s'y reposait près de fontaines bordées de lotus, où dansaient des poissons écarlates et azurés. Dans les jardins erraient les paons, les hérons et les daims musqués.

La merveille du lieu, c'était la chambre nuptiale. On y pénétrait par un square cloîtré, qui tamisait une lumière verdâtre. Dans ce sanctuaire de l'amour régnait un demi-jour apaisant. Des lampes parfumées luisaient derrière des treillis de nacre et caressaient doucement la splendeur des tentures et des couches moelleuses. Dans l'air flottait avec des sons de luth la vague lumière d'un soir voluptueux et attendri. — C'est là que le prince venait savourer les longues heures de l'amour avec la belle Yasôdhara. Avait-il soif ? Aussitôt des échansons apportaient des sorbets de fruits et de neige. La fatigue le prenait-elle ? Une bande choisie de bayadères venait lier devant lui une danse rêveuse au son des clochettes d'argent. Ces bras entrelacés sous les vapeurs bleuâtres des parfums brûlés réveillaient ses sens assoupis. Quelque tristesse effleurait-elle son front ? Une musique langoureuse l'invitait à chercher l'oubli dans les bras inassouvis de Yasôdhara. — Par ordre du roi, il était défendu de prononcer même le nom de la mort dans ce lieu de délices. La douleur n'avait pas le droit d'entrer dans cet asile. Tout sombre visage en était banni ; la tristesse y passait pour un crime. De hauts remparts fermaient le jardin, masquaient le dehors. Chaque issue avait trois portes d'airain et cent guerriers pour la garder. — Ainsi la vie trompée coulait dans ce paradis comme un fleuve entre deux rives fleuries.

Quoique plongé dans l'ivresse de l'amour, Siddârtha n'était pas heureux. Ses plaisirs le suffoquaient ; il avait d'étranges inquiétudes. Les ombres de la méditation passaient sur sa joie comme les ombres des nuages sur un lac d'argent. Tandis que celui qui devait être le Bouddha dormait sur le sein gonflé de sa bien-aimée, son âme s'échappait en de longs voyages. Parfois, du fond de son sommeil, il croyait entendre des plaintes étouffées, des cris lointains. Étaient-ce les voix éparses du monde, de son royaume qui l'appelaient ? Étaient-ce des malheureux qui tendaient leurs bras vers lui ? Alors il s'éveillait en sursaut et s'écriait : — « J'entends, je sais, je viens ! » — Et la belle Yasôdhara, ne sentant plus la tête chérie sur son sein, se réveillait aussi et disait : — « Qu'est-ce qui manque à mon seigneur ? — Je ne sais pas, » répondait Siddârtha. Mais la pitié qui paraissait dans son regard avait quelque chose d'effrayant, et son visage était comme celui d'un dieu. Quelquefois, pour calmer ses angoisses, Siddârtha demandait le son des instrumens à cordes. Mais les cordes disaient en frémissant : — « La vie humaine est comme le vent : un soupir, un sanglot ; l'entends-tu ? C'est un souffle, un cyclone qui passe. » — Souvent, après le coucher du soleil, il appelait les femmes de Yasôdhara, qui, parées et coquettes, le sourire aux lèvres, accouraient à l'appel de leur maître. On s'asseyait sur une des terrasses du pavillon, Siddârtha et Yasôdhara au milieu, les femmes en demi-cercle, groupées en molles attitudes : l'une, à demi renversée sur des coussins, agaçait les cordes d'argent de la vina, les yeux au ciel ; l'autre souriait d'un regard oblique à l'idée folâtre de sa voisine ; une troisième tempérait de ses longs cils à demi baissés la volupté rêveuse de son regard. Un soir, le prince dit à l'une des chanteuses : — « Conte-moi une histoire qui m'apprenne quelque chose de ce vaste monde dont je ne sais rien. » — La chanteuse commença les aventures de Rama. Mais Siddârtha écoutait d'un air distrait : — « Eh quoi ? reprit-il, toujours des dieux et des gens heureux ! Ne sais-tu rien des cœurs sans nombre, des malheureux et des inconnus qui sont derrière ces remparts et qui peut-être ont besoin de notre aide ? — Seigneur, on ne m'a point parlé d'eux, dit la belle. — Ah ! vous ne savez rien, vous ne sentez rien, s'écria le prince en se levant. Que ne puis-je voir les peuples du couchant ! Qu'on me donne un cheval pour chevaucher sur toute la surface de la terre ! » — Et il étendait ses bras vers l'Occident, où le jour se mourait dans une sombre fournaise. À grand'peine Yasôdhara parvint à le ramener près d'elle de ses bras caressans et de ses yeux d'antilope amoureuse.

Le prince commanda à son cocher Channa de préparer un char pour faire, le lendemain au grand jour, une promenade dans la ville. Il était las de sa prison, il voulait voir ce que faisait le monde. Le roi Çouddhôdana, ayant été informé de ce projet, ordonna aux habitans de se mettre en fête pour recevoir son fils. Le lendemain, Siddârtha traversa solennellement la ville sur un char traîné par des bœufs ; le peuple l'acclamait ; tous les visages étaient en joie. Mais, au tournant d'une rue, le prince vit sortir d'un groupe un être chancelant, vieux et misérable. Il n'avait plus que les os et la peau. Ses genoux tremblaient. Sa voix chevrotante demandait des aumônes. « Qu'est-ce que cet être qui ressemble à peine à un homme demanda Siddârtha au cocher. — Doux prince, dit Channa, c'est un homme très vieux. Autrefois il était droit et fort et beau comme vous. Les années l'ont rongé peu à peu. Sa vie maintenant n'est plus qu'une pauvre étincelle. Mais qu'est-ce qui fait réfléchir Votre Hauteur ? — Est-ce là le destin de tous les hommes, reprit le prince, le mien et celui de Yasôdhara ? — De tous, dit Channa, s'ils vivent assez longtemps. — Alors retourne au palais. J'ai vu ce que je ne pensais pas voir. »

Siddârtha rentra dans sa demeure tout pensif et tout triste. Yasôdhara se jeta à ses pieds en soupirant : « À quoi penses-tu ? » Il resta longtemps sans répondre : « Tes lèvres sont parfumées, dit-il enfin, mais bientôt elles vont se flétrir. Tes bras sont florissans, mais bientôt ils vont se dessécher. À quoi je pense ? Je me demande comment l'amour pourrait échapper à son meurtrier, le temps. »

Cette nuit, le roi Çouddhôdana fit des rêves effrayans. Il crut voir son fils assis sur un char éblouissant, traîné par quatre chevaux, brillant comme des éclairs, qui traversaient son royaume au triple galop, écrasant tout sur leur passage. Puis il crut voir tourner une roue immense, ayant un soleil à son centre et dont le roulemen produisait à la fois du feu et de la musique. Puis encore il vit son fils battre le tambour, et de ce tambour sortit un orage formidable qui enveloppa la moitié de la terre. Quand il s'éveilla, un messager était debout devant son lit : « Maharaja ! dit-il, ton fils demande à voir la ville, non pas en prince, mais en inconnu et comme un étranger, afin de mieux connaître ses futurs sujets. — Il a raison, dit le roi ; qu'il aille. »

Ce jour-là donc, Siddârtha sortit à pied avec Channa. Ils étaient déguisés en marchands. Personne ne les reconnaissait.

Dans une ruelle, il entendit une voix triste crier : « Aidez-moi, maîtres, aidez-moi ! » C'était un malheureux, frappé d'une maladie mortelle, qui se tordait, la peau marquée de taches rouges, la sueur au front, la bouche contractée ; les yeux perdus nageaient dans une agonie intérieure. Il serrait convulsivement l'herbe pour se relever, mais retombait sans force, pâle de terreur. Siddârta accourut et plaça la tête du malheureux sur ses genoux : « Quel mal as-tu ? » dit-il plein d'émotion. Mais l'infortuné, pris d'un spasme effrayant, n'avait même pas la force de répondre. Alors le cocher prit la parole : « Prince, c'est un homme malade, frappé de la peste. Ne le touche pas ainsi, le mal pourrait t'atteindre. » Le prince, sans se déranger : « Comment viennent ces sortes de maux ? — Comme le serpent qui mord sans être vu, comme le tigre qui sort d'un bond de la jungle, ou comme l'éclair qui frappe ceux-ci et épargne ceux-là. — Alors tous les hommes vivent dans la peur ? — Ils vivent ainsi, prince. — Mais s'ils ne peuvent pas supporter leurs douleurs ? — Alors ils meurent. — Ils meurent ? — Oui, à la fin, la mort vient, n'importe où, n'importe comment. Regarde ! la voilà ! »

En ce moment passait un cortège funèbre. Les gens pleuraient et criaient : « Ô Rama, Rama, écoute ! Frères, invoquez Rama. » Le mort en décomposition était couché sur une bière, sec, efflanqué ; ses lèvres tirées laissaient voir ses dents. On le mit sur un bûcher et les langues de la flamme sifflèrent autour du corps. Siddârta vit la peau rôtir, les os se disjoindre, puis tout tomber en un tas de cendre grise et écarlate ; çà et là un os blanc, — tout ce qui reste d'un homme. « Et, dit le prince, est-ce là la fin de tous ceux qui vivent ? — C'est la fin pour tous, c'est la destinée commune de toute chair, des grands et des petits, des bons et des méchans. Et ensuite, dit-on, ils recommencent à vivre quelque part, d'une certaine manière, — qui le sait ? Et puis recommencent les craintes, l'adieu, le bûcher. C'est la ronde de l'homme. »

Alors Siddârta éleva vers le ciel ses yeux brillans de larmes et puis les reporta sur la terre, pleins de pitié céleste. Rayonnant d'une passion brûlante, d'un amour indicible, d'une espérance insatiable et sans limite, il s'écria : « Ô monde souffrant ! ô vous, frères connus et inconnus de ma chair commune, enserrés dans le filet de la souffrance et de la mort par les liens inextricables de la vie ! je vois, je sens l'immensité de l'agonie terrestre, la vanité de toutes les joies, la moquerie de ce qu'elle a de meilleur, l'angoisse de ce qu'elle a de pire. Car les plaisirs finissent en peine, la jeunesse en vieillesse, l'amour en séparation, la vie en mort odieuse, la mort en des vies inconnues qui rattachent l'homme à la roue de l'existence. Moi aussi j'ai été trompé par cet appât. Mais le voile s'est déchiré. Et qui pourrait voir cette douleur du monde sans voler à son secours ? Si Brahma ne le peut pas, je l'oserai, moi ! Je trouverai le refuge, l'asile. Comment ? je l'ignore. Mais il faut que cela soit, dussé-je passer sept fois les sept mondes, dussé-je traverser les souffrances de chaque vie. Quelque grande que soit leur masse, ma pitié est plus grande encore. Que toutes les tortures de l'enfer retombent sur moi et que le monde soit sauvé !

« Channa ! retournons à la maison. Il suffit. Mes yeux ont vu ce que je voulais voir[6]. »

La nuit suivante, Yasôdhara rêva que les jasmins de sa couronne s'étaient flétris et que son lit nuptial s'effondrait dans un tombeau. Elle s'éveilla et vit le prince couché près d'elle, la tête appuyée sur son coude, les yeux grands ouverts et vêtu de sa robe de soie étincelante de pierreries. Elle lui dit son rêve et lui en demanda l'explication. « Quoi qu'il arrive, lui répondit Siddârta, sois sûr que mon amour est de ceux qui ne changent pas. Et maintenant dors, car il faut que je me lève et que je veille. » Elle se rendormit et Siddârtha se leva. Une voix intérieure lui disait : « Le temps est venu » et les étoiles rangées en ordre ajoutaient en scintillant : « C'est la nuit ! Choisis le chemin de la grandeur ou la route du bien : de régner comme le roi des rois ou de marcher seul, sans couronne, sans patrie, pour aider le monde. « Il répondit : « Je ne veux pas de cette couronne qu'on me destine. Je ne veux pas que mon chariot roule ses roues sanglantes, de victoire en victoire, jusqu'à ce que les hommes se souviennent de mon nom. Je marcherai dans les sentiers de la terre, patient et sans tache, faisant de sa poussière mon lit, de ses déserts les plus abandonnés ma demeure et des êtres les plus humbles mes frères. Car toute mon âme est remplie de pitié pour la maladie du monde. J'ai un royaume à perdre ; je perdrai ce royaume, par amour de ces millions de cœurs angoissés qui m'appartiendront un jour, sauvés par le sacrifice que j'accomplis à cette heure. »

Il se pencha sur Yasôdhara, la regarda longtemps et dit : « Jamais plus je ne coucherai ici. » Les larmes qu'il versa sur son visage ne la réveillèrent pas. Elle dormait heureuse sous la promesse d'un amour éternel ! Mais elle ne comprenait pas encore cet amour qui dans le renoncement est plus grand que dans la possession. Siddârta pensait à tout ce qu'elle allait souffrir et sentait son cœur se serrer. Trois fois il se pencha sur elle pour la réveiller, et trois fois il se retint. Enfin, il se couvrit le visage de son manteau et partit.

Puis, d'un pas ferme, d'une voix résolue, il alla réveiller Channa et lui ordonna de seller son cheval. Le fidèle serviteur essaya de détourner son maître de son dessein ; mais Siddârtha lui imposa silence et le pria de l'accompagner dans sa fuite. Les gardes dormaient. Les deux cavaliers franchirent les portes et galopèrent ventre à terre toute la nuit. Aux premières lueurs du jour, le prince descendit de cheval et dit à son serviteur : « Maintenant, retourne en arrière et ramène mon cheval au palais. Car je dois continuer ma route à pied et désormais je vivrai seul. » Puis il ôta son bonnet à aigrettes de perles et dit à Channa : « Tu remettras ceci au roi mon père et tu lui diras ce que tu as vu. » Puis, tirant son glaive, il coupa ses longs cheveux, insigne de la caste des guerriers. « Je ne suis plus roi, je ne suis plus prince, je ne suis plus guerrier. On ne m'appellera plus Siddârtha (celui qui prospère), mais Çâkya-Mouni (le solitaire de la race des Çâkyas). Je ne commanderai pas par le fer, mais par la loi de l'esprit. Va, porte au roi mon père ce glaive et cette boucle de cheveux. C'est tout ce qui reste de son fils. Quant à moi, il ne me reverra que si je trouve la vérité. Adieu, Channa. Souviens-toi de mes paroles et sois béni de m'avoir conduit hors de mon royaume. »

Le serviteur s'agenouilla devant le prince dans une dernière et muette supplication. Mais celui-ci fixa sur lui un tel regard que son maître lui parut grandi d'une coudée et qu'il crut voir sortir deux rayons de ses yeux. Il se prosterna jusqu'à terre, puis se jeta sur son cheval et partit au galop.

III.

Le prince fugitif poursuivit son chemin sans se retourner. Quand il eut entendu le galop du cheval se perdre derrière lui et qu'il vit l'aube blafarde se lever sur une ville misérable adossée à une colline pierreuse, il respira profondément comme il n'avait jamais respiré. Ne possédant plus rien, il se sentait complètement libre. Rien ne s'interposait plus entre lui et la vérité qu'il voulait poursuivre avec une fermeté inébranlable par l'âpre sentier du renoncement. Il entra chez un marchand, échangea ses vêtemens princiers contre la robe jaune des richis et prit l'écuelle du mendiant, résolu à ne vivre que d'aumônes.

Après avoir reçu l'hospitalité de plusieurs brahmanes, il se mit à l'école du plus célèbre d'entre eux : Arata Kalama, qui avait trois cents disciples. Quand Çâkya-Mouni parut pour la première fois dans cette assemblée, tous les yeux se tournèrent vers lui et un murmure d'admiration parcourut les rangs des auditeurs, tant il était beau et tant son visage répandait de lumière. Mais lui, sans remarquer personne, tout à ses pensées, suivait l'enseignement de la doctrine. Au bout de quelque temps Çâkya-Mouni se dit : « Cette doctrine n'est pas vraiment libératrice. Les pratiques qu'enseigne ce brahmane ne font que pallier les misères de la vie. Le bonheur qu'il recherche est encore celui des sens et son dieu est un dieu de chair. Il n'élève l'homme qu'un instant au-dessus de la vie et le reprécipite dans le tourbillon des douleurs. Je cherche le repos suprême, la demeure inchangeable, la victoire sur le temps et sur l'espace. »

N'ayant pas trouvé ce qu'il cherchait chez les brahmanes, il résolut de se vouer à la solitude et à l'ascétisme. Il se retira sur le mont Pandava, dans le pays de Magadha et s'établit dans une caverne surplombée de figuiers sauvages, couchant sur l'herbe, s'exposant au froid de la nuit et à la rosée du matin, vivant de la maigre pitance que lui apportaient de pauvres paysans. La nuit, il entendait le cri du chacal et du tigre ; il songeait alors aux passions humaines et aux moyens de les faire taire. Quand de la plate-forme de la colline il voyait la terre endormie et sombre, sa pensée embrassait tous les êtres vivans d'une ardente sollicitude et d'une méditation intense, alors qu'eux-mêmes avaient oublié leurs soucis. Quelquefois il méditait ainsi jusqu'au moment où l'aurore se levait dans sa robe de flammes, couleur de safran et d'améthyste. Alors, s'inclinant devant l'orbe renaissant et faisant ses ablutions à la manière des richis, il demandait à l'Être des êtres la lumière intérieure. Mais il n'arrivait à aucune conclusion.

Un jour, à mi-chemin de la ville, il rencontra plusieurs fakirs, qui s'étaient infligé les plus horribles tortures : l'un avait le bras desséché et complètement raidi à force de le tenir immobile, l'autre un fer passé à travers le flanc, le troisième la peau brûlée et les yeux aveuglés par le soleil. Ces infortunés croyaient faire vivre l'esprit en mutilant le corps. Çâkya-Mouni les vit avec peine et leur dit : « Mes frères, répondez-moi, je suis celui qui cherche la vérité. Pourquoi aux maux de la vie en ajoutez-vous d'autres ? » Ils répondirent : « C'est pour que notre âme atteigne des sphères glorieuses et une splendeur qui passe toute pensée. Nous prenons ces peines pour devenir dieux. — Alors, délivrés de vos corps, serez-vous éternellement heureux ? — Non ; seul le grand Brahma dure toujours. Nous devons changer encore et recommencer la vie. — Alors pourquoi détruisez-vous vos corps pour des joies qui doivent passer à leur tour et ne sont que des rêves ? — Si tu sais un meilleur chemin, dis-le ; sinon, la paix soit avec toi ! » Là-dessus, Çâkya-Mouni s'en alla tristement et pensa en lui-même : « Les hommes désirent vivre et n'osent pas aimer la vie, mais se torturent avec des tourmens féroces. Ils tuent leurs corps et ne savent pas faire taire leur désir. Non ; cet ascétisme insensé n'est pas la voie du salut. Il faut que je la cherche dans une nouvelle retraite, par la sobriété et par une méditation plus intense. »

Dans l'Inde contemporaine, lorsqu'un homme quitte le monde pour devenir un adepte de l'ascétisme et de la science occulte, on dit encore aujourd'hui parmi les Indous : « Il s'est retiré dans les forêts. » Il disparaît, et la plupart du temps, personne ne le revoit. Ainsi fit le Bouddha. Il se retira dans un ermitage de la forêt d'Ourouvilva. Là, sous l'ombre épaisse des arbres, il se remit à penser aux chemins de la destinée, aux doctrines des livres, aux secrets du silence d'où tout vient, à ceux du crépuscule où tout retourne, et à la vie suspendue entre les deux comme une arche de lumière entre deux nuages, qui va modelant dans le ciel des palais aériens, des colonnes de saphir et de chrysoprase. L'œil se perd sous leurs voûtes magiques ; mais toujours elles changent et bientôt ne sont plus. Puisque tout change et meurt ainsi dans l'homme et autour de lui, où trouver ce qui dure toujours, ce qui ne change jamais, ce qui ne peut mourir ? Où trouver la grande paix, l'asile, le port dans l'océan des choses ? Quelquefois deux disciples qui croyaient en lui, parce qu'ils l'avaient entendu discuter avec les brahmanes, venaient l'interroger et lui disaient : « Maître, as-tu trouvé ? — Non, pas encore, répondait Çâkya-Mouni, revenez dans un an. » Des années se passèrent ainsi, et le prince ascète avait pris dans l'intensité du jeûne et de la méditation un air étrange. Son visage émacié était devenu d'une transparence presque éthérée, et ses yeux agrandis brillaient d'un éclat surnaturel.

Or, dans le voisinage vivait un fermier. Sa femme Souïata voyait quelquefois cet homme immobile assis sous un arbre. Il y avait tant de lumière sur son front, il semblait si grand et si doux avec ses yeux célestes qu'elle le prit pour le dieu de la forêt. Un jour, s'étant approchée de lui, elle s'agenouilla et lui offrit du lait et des gâteaux. Çâkya-Mouni qui n'avait plus mangé depuis trois jours, prit cette nourriture et se sentit fortifié. « Es-tu vraiment le dieu, dit la femme à voix basse, et mon présent a-t-il obtenu ta faveur ? — Et pourquoi me l'as-tu fait ? demanda Çâkya-Mouni. — Parce que j'ai fait vœu que si j'avais un enfant je t'offrirais cela pour ma joie. Maintenant j'ai mon fils, et toute ma vie est une bénédiction. »

Le sage prit l'enfant dans ses bras, et plaçant sa main sur sa petite tête, il dit: « Ma sœur, longue soit ta bénédiction ! Tu m'as ramené à la vie. Mais trouves-tu vraiment qu'il soit doux de vivre ? Est-ce que la vie et l'amour te suffisent ?

« Vénérable ! répondit Souïata, mon cœur est petit. Quelques gouttes d'eau qui n'humecteraient pas même la forêt remplissent le calice du lotus. Il me suffit de voir luire le soleil de la vie dans la faveur de l'époux qui est mon seigneur, et dans le sourire de mon enfant… Ce que les livres disent, je l'accepte humblement, n'étant pas plus sage que les grands d'autrefois qui ont parlé avec les dieux, qui connaissaient les hymnes et les charmes, tous les chemins de vertu et de paix. Ainsi je pense que le bien doit venir du bien et le mal du mal. Et quand nous devrons mourir n'y aura-t-il pas un alors comme il y a un *maintenant* ? Peut-être meilleur, comme d'un grain de riz jaillit une tige à cinq étoiles. Si mon époux mourait, je monterais sur son bûcher. Car il est écrit que lorsqu'une femme indienne meurt ainsi, elle donnera à l'âme de son époux pour chaque cheveu de sa tête cent ans de bonheur. C'est pourquoi je n'ai pas peur, et c'est pourquoi ma vie est heureuse. Mais je n'oublie pas les autres vies remplies de peines et misérables. Que les dieux en aient pitié ! Pour moi, le bien que je comprends, humblement je cherche à le faire et j'obéis à la loi, confiante que ce qui doit venir viendra et viendra bien. »

Çâkya-Mouni lui répondit : « Ô femme ! tu enseignes celui qui enseigne, plus sage que la sagesse dans ta simple croyance. Sois contente de ne pas en savoir davantage, puisque tu suis le chemin du bien et du devoir. Grandis, ô fleur ! avec ton doux enfant dans ton ombre paisible. La lumière du grand midi de la vérité n'est pas faite pour les feuilles tendres qui s'élargiront sous d'autres soleils et lèveront dans d'autres vies leurs têtes couronnées vers le ciel. Tu m'as adoré, et c'est moi qui t'adore, cœur excellent ! instruit sans savoir, comme la colombe qui par amour regagne son nid. En toi on peut voir pourquoi il y a de l'espérance pour l'homme et comment on peut arrêter à volonté la roue de la vie. La paix soit avec toi et conforte tous tes jours. De même que tu accomplis ta tâche, puissé-je accomplir la mienne ! Celui que tu prenais pour un dieu te prie de lui souhaiter cela.

« Puisses-tu l'accomplir ! » dit-elle, en reprenant dans ses bras l'enfant qui étendait ses petites mains vers les beaux yeux du sage. Alors Çâkya-Mouni, fortifié par la nourriture qu'il avait prise, se dirigea vers un lieu où la vérité devait descendre dans son âme.

Çâkya-Mouni se retira dans une partie plus profonde encore et plus solitaire de la forêt d'Ourouvilva, ignorée même de ses disciples les plus fidèles et où personne ne pouvait le troubler. C'était un monticule qui dominait le bois sauvage. Là, il voyait le soleil se lever sur l'océan des verdures et se coucher dans l'épaisseur des jungles. Les bêtes fauves qui erraient autour du monticule, mais n'osaient attaquer le richi, le défendaient contre l'approche des hommes. Ne conversant qu'avec les vents, les aurores et les astres, il pouvait descendre jusqu'au fond de lui-même. Un jour qu'il méditait sous un grand figuier, il se dit : « La mort vient de la vie, la vie de la naissance, et la naissance du désir. Si l'homme parvenait à supprimer le désir des sens, il s'élèverait au-dessus de toutes les vicissitudes dans la région de l'esprit pur où il n'y a plus ni mort ni changement. Tout ce qui naît du désir des sens, tout ce monde visible n'est qu'un tissu d'illusions. Celui qui saurait le reconnaître ne serait pas plus attaché aux choses que la goutte de pluie à la feuille de lotus. Il pénétrerait dans le monde invisible, dans le monde des causes et dans la paix suprême... Oui, s'écria-t-il, j'ai trouvé le chemin de la délivrance, la voie qui fait que les régions de la transmigration ne sont pas des régions, la voie qui mène à la possession de la science universelle, la voie du souvenir et du jugement, la voie calme et sans trouble, exempte des craintes du démon, qui conduit à la cité du Nirvana. J'irai jusqu'au bout et j'enseignerai cette route aux hommes. »

Cette pensée, jaillissant comme un éclair de son cerveau, illumina pour lui tout l'univers. D'un seul regard il perça les trois mondes concentriques : le monde de la matière où nous sommes, masse épaisse de ténèbres et de douleurs ; le monde astral où se meuvent les âmes, qui s'étend de l'ombre à la clarté en cercles grandissans ; le monde de l'esprit pur qui enveloppe et pénètre les deux autres de sa vie et de son rayonnement, centre et circonférence, cause et fin de tout.

Vision éblouissante, mais courte comme l'éclair suivi de ténèbres épaisses. Car il est écrit qu'un homme ne peut devenir Bouddha, c'est-à-dire éclairé de la vérité suprême, sans subir les épreuves les plus redoutables. Avant de franchir le pas au-delà duquel il sera maître de lui-même et des autres, il faut qu'il repousse l'assaut des plus fortes tentations. Les forces grossières, les vils désirs, les démons inférieurs essaieront encore une fois de lui barrer le chemin qui conduit à la royauté de l'esprit. Et si cet adepte veut être un sauveur de ses frères, un libérateur de l'humanité, il aura contre lui toutes les passions de la terre, toutes les fureurs de l'abîme.

Le soleil s'était couché. Un crépuscule livide envahit la forêt dont les cimes ondulaient.au pied du solitaire. Les arbres se desséchèrent sous un souffle empoisonné, leurs bras nus se tordirent d'angoisse. La vivace forêt était devenue la vallée de la mort. Elle se remplit de fantômes étranges : brahmanes, guerriers, parias et bayadères, demi-chair, demi-squelettes, qui se rapprochaient comme s'ils y flairaient la vie. Quelques-uns marmottaient des prières, tous semblaient inquiets et ces ombres étaient travaillées par la fièvre. Elles se rassemblèrent au pied du monticule et se mirent à crier : « Que fais-tu là-haut, Çâkya-Mouni ? Nous sommes ceux auxquels tu as prêché ta loi. Voilà ce que tu as fait de nous, voilà à quoi servent les Richis et les Bouddhas. La ronde de la vie reprend de plus belle. » Et ils se mirent à danser une danse frénétique avec des ricanemens qui se changèrent en hurlemens de détresse. Puis toute la bande alla se précipiter sous les roues d'un char portant une idole monstrueuse et des prêtres qui chantaient au son lugubre de trompettes funèbres. « Qui donc est le maître de ces âmes ? » dit Çâkya-Mouni, qui ruisselait d'une sueur froide. Il sentit sur son visage une haleine glacée et entendit une voix sifflante lui dire à l'oreille : « Je suis le Doute indestructible. Si on ne me voit pas, on me sent toujours présent. Sans que tu le saches, je rampe dans ton cerveau et je coule dans tes veines. Tu ne sauveras pas ces âmes ; je suis leur maître et le tien. » Un rire démoniaque glapit dans l'air. Çâkya-Mouni passa ses deux mains sur son front brûlant ; il regarda la lumière mourante sur la vallée de la mort et dit : « Tu n'es que le roi du mensonge, le plus subtil des ennemis de l'homme. Mais parce que j'aime la vérité tu n'as aucun pouvoir sur moi. » La voix se tut et les fantômes disparurent.

Alors la nuit vint. La forêt avait repris ses verdures. Car il en sortait des parfums enivrans, et un frisson voluptueux courut sur les feuilles. Çâkya-Mouni entendit un nouveau rire, non plus méchant, mais clair et perlé comme une clochette d'argent. Un autre lui répondit, puis un autre encore, et ce fut dans les airs une chaîne de rires qui venaient de loin, de loin. L'espace tout entier se remplit d'une fumée brune dans laquelle glissaient des nuages rosés. Sous la gaze mobile de ces nuages des formes attrayantes apparaissaient et disparaissaient, comme celles que les poètes indous décrivent sous les noms des Apsaras ou nymphes célestes, qui ont pour mission de tenter, de séduire les Richis et les sages. Fleurs humaines, qui brillaient lumineuses dans la nuit, il voyait éclore tantôt un flanc rose, tantôt un bras souple, tantôt un groupe complet. Le mouvement de ces femmes aériennes tenait le milieu entre la danse et le vol. Il venait toujours de nouveaux nuages et il en sortait toujours de nouvelles formes, si bien que finalement l'air en fut saturé. Cette ronde vertigineuse se rapprochait tellement du solitaire qu'il sentait sur son front des haleines et le frôlement de chevelures. « Arrêtez ! » dit enfin Çâkya-Mouni. La ronde s'arrêta. Des milliers d'yeux se fixèrent sur les siens et mille bouches aspirant à la sienne soupirèrent : « Aime ! aime ! Nous avons aimé ! La forme ravit ; la caresse affole ; un cœur bat, un autre lui répond ; et l'homme devient dieu. Aime ! car nous donnons l'amour et l'univers dans un baiser ! » Çâkya-Mouni, les mains croisées sur ses genoux et la tête immobile répondit comme en rêve : « Femmes, vous n'êtes que des ombres. » Aussitôt il vit près de lui un jeune homme superbe, nu, un arc à la main, avec une chevelure brillante et des yeux langoureux. « On m'appelle Kama, dit-il, ou le Désir ; je suis le roi du ciel et de la terre et tu m'obéiras. — Tu es le seigneur du désir, mais tu ne l'es pas de la lumière. — Eh bien, regarde ! » dit le démon. Çâkya-Mouni aperçut devant lui la forme astrale, le double de Yasôdhara, qui lui dit : « Ne suis-je pas celle que tu as aimée ? Je meurs en te désirant. » Le sage répondit : « Tu n'es pas l'âme de Yasôdhara que j'aime, tu n'es qu'une apparence terrestre. Retourne à ton vide. » Alors toutes les apparitions disparurent comme un crépitement de flammes et comme une traînée de vapeurs.

La nuit devint plus noire encore, la forêt houleuse. Sa surface se creusait, se gonflait comme si la terre ferme voulait devenir océan. L'horizon se soulevait lentement. Une lame gigantesque s'avançait vers le solitaire en méditation et dans cette vapeur une rumeur confuse mêlée de cris. En approchant cela devint une tempête et le bruit formidable ressemblait à celui d'une armée en marche. Des éclairs jaillirent. À cette lueur Çâkya-Mouni vit que la tempête était formée d'innombrables démons. Alors un seul rugissement partit de la terre et du ciel. Le Richi se sentit renversé et broyé sous les pas de mille chevaux-fantômes et d'éléphans en fureur qui lui passèrent sur le corps. En même temps une grêle de flèches, de haches et de fers enflammés lui traversait le corps. Lorsqu'il rouvrit les yeux, un guerrier superbe, aux yeux flamboyans était debout devant lui. Il lui dit : « Je suis le roi de toutes les terreurs et je commande à la terre. Si tu me braves, je puis t'anéantir ; mais si tu m'obéis, je ferai de toi le maître des hommes. Car je tiens dans ma main la Force, la Puissance et la Magie. » Çâkya-Mouni lui répondit : « Ton nom est Orgueil et le mien Compassion. Je te pénètre, mais tu ne peux me pénétrer. » À ces mots, le démon disparut comme un éclair et son armée s'enfuit en poussant des blasphèmes et des cris de rage.

La tentation était finie, l'épreuve terminée, le démon vaincu. Une paix profonde descendit sur Çâkya-Mouni. L'ombre de la terre était sortie de son âme, et une lumière nouvelle l'inonda. Tandis que son corps restait immobile sous l'arbre, son esprit monta dans une extase merveilleuse. Il revit toutes ses existences passées, entrecoupées par de longues stations dans le rêve céleste. Tandis qu'il passait en revue toutes ses incarnations depuis la plus humble jusqu'à la plus haute, il croyait refaire à vol d'oiseau un pénible voyage que jadis il avait fait à pied. Il revit les mornes plaines, les vallées riantes, les côtes abruptes, les précipices affreux qu'il avait traversés. Et de tant de vies pas un effort perdu, pas une douleur stérile, pas un amour qui n'eût porté son fruit. Car de tout cela émanait comme un parfum, le profond souvenir et l'essence divine. Et de sommets en sommets échelonnés, il atteignait enfin la grande cime, la dernière, surplombant toutes les autres, aux confins de la terre. Là, quel silence, quel repos dans ces neiges éternelles, sous les lumières du firmament ! À cette hauteur, aucune voix n'arrivait plus. Tout avait disparu dans la brume. Une seule chose impalpable restait présente : l'ombre des tristesses humaines qui flottait autour de la cime, et la voix de l'humanité qui pleurait dans le cœur du Bouddha.

Il poussa dans l'espace un cri d'amour et de compassion. Ce cri l'emporta dans la seconde extase, loin de la terre et du soleil, dans les sphères innômées. Il contempla systèmes après systèmes, mondes et soleils sans nombre, se mouvant en mesures splendides, en harmonies profondes ; îles d'argent d'une mer de saphir, sans rivages, insondable, jamais diminuée, lentement agitée d'un flux et d'un reflux sans fin. — Il vit plus encore : il vit les esprits lumineux qui retiennent et gouvernent tous ces mondes par des fils invisibles, entraînés avec leurs systèmes dans un vaste mouvement et décrivant des orbes grandissans. Il vit que la loi de sacrifice et d'amour règne sur l'infini et que les créateurs d'humanités nouvelles sont les naufragés sublimes de terres brisées et de soleils éteints. — Alors, comme un navire poussé par des millions de vagues vers le calme de l'équateur, le Bouddha sentit qu'il touchait au Nirvâna. Conscience suprême, il se sentait un avec l'âme des mondes, amour de tous les amours, vie des vies, être des êtres, — un souffle, une flamme pure, légère, éthérée, traversant les espaces, libre du temps, — dans une félicité parfaite.

Pendant que l'âme du Bouddha planait à ces hauteurs incommensurables, son corps toujours appuyé au figuier resta plongé dans une catalepsie voisine de la mort. Son esprit ne tenait plus à ce demi-cadavre que par un fil imperceptible. Au moment où il allait se rompre, l'amour pour l'humanité et le sentiment de sa mission le ramena sur terre. En rentrant dans son corps il éprouva la sensation d'un coup de foudre et rouvrit les yeux avec une douleur inexprimable. Mais une pluie de fleurs tomba sur son front pour le ranimer. Le soleil radieux montait derrière la forêt, et le Bouddha se leva en vainqueur, maître de la science sublime.

IV.

En quittant la forêt d'Ourouvilva, le Bouddha prit la résolution d'enseigner sa doctrine non-seulement aux brahmanes et aux rois, mais encore au peuple et aux femmes, afin qu'elle se répandît dans le monde entier. « Car, se disait-il, tous les êtres, qu'ils soient médiocres, infimes ou élevés, peuvent être rangés en trois classes : un tiers est dans le faux et y restera ; un tiers est dans le vrai ; un tiers est dans l'incertitude. Ainsi des lotus qui sont sous l'eau, à son niveau et au-dessus. Que j'enseigne ou non la loi, ceux qui sont dans le faux ne la connaîtront pas et ceux qui sont dans le vrai la connaîtront sans moi. Mais ceux qui sont dans l'incertitude ne la connaîtront que par moi ; il faut donc que j'enseigne. » Pour se rendre à Bénarès, le Bouddha dut traverser le Gange, qui coulait à pleins bords dans la saison des pluies. Il était si dénué de tout qu'il n'avait même pas de quoi payer son passage. Il demanda à plusieurs bateliers de le transporter sur l'autre rive. Tous refusèrent. Enfin il en vint un pauvre qui dit : « J'ignore qui tu es, mais ton visage me semble brillant comme celui de Krichna ou de Rama. Avec toi je n'ai pas peur du fleuve. Viens dans ma barque. — Je suis un mendiant, dit le Bouddha, et je n'ai rien pour ton salaire. — Viens toujours ; une seule parole de toi me paiera. — Puisque tu as l'âme si pleine de bonté, dit le Bouddha, tu passeras la vie comme nous allons passer le Gange. » Et la barque glissa légère sur le fleuve houleux. Quand elle aborda, les bateliers peureux et avares, restés sur l'autre rive, se dirent entre eux : « Ce doit être un grand Richi. Malheur à nous ! Il nous aura jeté quelque sort. » Mais le Bouddha leur fit dire de n'avoir aucune crainte.

Arrivé à Bénarès, il songea d'abord aux cinq disciples qu'il avait laissés dans le bois de l'antilope. Ceux-ci ne croyaient plus à son retour et lui en voulaient beaucoup d'avoir abandonné les pratiques qu'ils suivaient eux-mêmes. Quand ils le virent approcher de loin, ils se donnèrent le mot pour ne faire aucune attention à lui. « Il ne faut, dirent-ils, ni aller au-devant de lui avec respect, ni se lever. S'il nous demande à s'asseoir, nous lui offrirons ce qui dépasse ces tapis. » Mais à mesure qu'il approchait, ils devinrent inquiets. Puis, un à un, ils allèrent à lui, lui prirent sa tunique, son vêtement, son vase et préparèrent de l'eau pour ses pieds, tant ils furent frappés de la majesté et de la gloire du Bouddha. « — Ayoushmat (seigneur) Gâutama, vous êtes le bienvenu, daignez-vous asseoir sur ce tapis. — Ne me donnez pas le titre d'Ayoushmat, dit le maître. Longtemps je vous suis resté inutile ; je ne vous ai procuré ni secours ni bien-être. Mais maintenant je suis arrivé à voir clairement l'immortalité et la voie qui conduit à l'immortalité. Je suis Bouddha, je connais tout, je vois tout, j'ai effacé les fautes, je suis maître en toutes lois. Venez, que je vous enseigne la loi et vous l'enseignerez aux autres. »

Dès lors il se mit à enseigner le chemin du salut pour tous, l'humilité, l'effacement des fautes par la connaissance du mal et l'effort vers le bien, la résignation aux maux inévitables de la vie. Un jour, une femme vint lui raconter que son enfant avait été mordu par un serpent et lui demanda un remède pour le réveiller. Le Bouddha lui dit : « Tâche de trouver un grain de moutarde noire. Seulement il faut qu'il te soit donné dans une maison où ni père, ni mère, ni enfant, ni serviteurs ne soient morts. » Elle alla mendier partout le grain de moutarde avec son enfant endormi dans les bras. Personne ne lui refusa le grain, mais partout quelqu'un était mort. Ici c'était un père, là un frère, là une fille. La femme revint auprès du Bouddha. « — Maître, dit-elle, mon enfant ne veut plus ni boire ni sourire. Je l'ai laissé parmi les vignes près du fleuve pour chercher ta face et baiser tes pieds et te demander où je pourrais trouver ce grain sans trouver la mort. Ils me disent que mon enfant est mort et j'ai peur que ce ne soit vrai. — Ma sœur ! dit le Bouddha, tu vois que le vaste monde pleure de ton mal. Le chagrin partagé par tous les cœurs devient moindre pour un seul. Je donnerais tout mon sang si cela pouvait arrêter tes larmes, mais dans cette vie le doux amour fait notre angoisse. Un jour tu comprendras ce secret. Va en paix et ensevelis ton enfant. »

Bientôt le Bouddha eut des disciples par centaines, des auditeurs par milliers. Car il appelait le peuple à ses prédications, et le peuple l'aimait ; car il ne faisait pas de différence entre les castes comme les brahmanes et disait que sa loi était une loi de grâce pour tous. Un jour, il demanda à boire à une femme en haillons. Elle lui dit tristement : « — Maître, je suis une Tchândala (de la dernière classe des parias). — Je ne te demande pas à quelle caste tu appartiens, dit le Bouddha, je te demande à boire parce que j'ai soif. » Elle lui tendit sa cruche. Après avoir bu, il reprit : « — Pauvre créature, tu as étanché la soif de mon corps, j'étancherai celle de ton âme. Viens avec moi. » Et l'ayant menée vers ses disciples, il lui donna des habits neufs et la fit instruire. Cette mansuétude ravissait la foule et irritait les brahmanes, qu'il ne craignait pas d'appeler des hypocrites, des charlatans et des jongleurs. Les plus puissans d'entre eux auraient voulu faire tuer le Bouddha, mais ils n'osaient, car les richis sont sacrés pour les Indous. Dans leur pays, la gloire de l'ascétisme est une auréole qui protège mieux qu'une armure ; c'est une royauté. Cependant les brahmanes lui tendirent toutes sortes d'embûches, mais ils ne purent l'y faire tomber. Ils le convoquèrent en discussion dans une assemblée publique en présence du roi Prasênadjit. Ils discutèrent pendant huit jours et chaque jour le Bouddha les convainquit davantage par la douceur de son être et le feu de son éloquence. Le roi accorda la victoire au Bouddha et se convertit avec tous les siens.

Le Bouddha prêchait aussi la bonté envers les bêtes. Il ordonnait à ses disciples de n'en jamais tuer et de se nourrir des fruits de la terre. Il s'opposait surtout aux sacrifices d'animaux que les brahmanes faisaient aux dieux. Un jour il entra dans un temple où l'on allait égorger un agneau pour le brûler ensuite. « Arrêtez ! s'écria-t-il avec indignation. C'est ainsi que vous prenez la vie, vous qui ne savez pas la donner ! Quelle miséricorde pouvez-vous attendre des dieux, si vous qui êtes des dieux pour les animaux, vous n'en avez pas pour eux ? Honte à vous ! car ces pauvres bêtes sont meilleures que vous. Elles vous donnent le doux tribut de leur lait et de leur laine. Elles ont confiance dans la main qui les tue ! » À ces mots, le roi Bimbisâra, qui assistait au sacrifice, joignit les mains et regarda le Bouddha très étonné. Tous furent conquis. Les prêtres jetèrent au vent le feu de l'autel et le couteau du sacrifice.

La renommée du Bouddha s'était répandue dans toute l'Inde ; elle avait franchi les royaumes, les fleuves, les chaînes de montagnes ; elle était venu retentir jusqu'au versant lointain de l'Himalaya, dans la ville de Kapilavastou, d'où Çâkya-Mouni s'était enfui jadis, abandonnant son père, sa femme et sa couronne pour conquérir la vérité. Le roi Çouddhôdana vivait sombre et chagrin dans son palais. Ses rêves de grandeur, ses plus beaux espoirs avaient été déçus. Il portait le deuil ûe son fils comme s'il était mort. La femme de celui qui s'était appelé jadis le prince Siddârtha passait sa vie comme une pénitente dans les jardins du pavillon d'été, au bord des étangs de lotus, avec son fils Rahoula, à pleurer le départ de celui qu'elle aimait toujours.

Cependant le roi Çouddhôdana, ayant appris que son fils était devenu le plus grand Richi de l'Inde et que sa parole avait plus de pouvoir que celle des rois, voulut le voir. Il lui envoya plusieurs messagers et leur ordonna de lui parler en ces termes : « Le roi Çouddhôdana prie le prince Siddârtha de venir en son domaine, de peur que le roi ne meure avant d'avoir revu la face de son fils. » Yasôdhara, de son côté, lui fit dire : « La princesse de ta maison, la mère de Rahoula, désire voir ta face. Si tu as trouvé plus que tu n'as perdu, elle en demande sa part ; mais plus que tout elle te demande toi-même. » Quand les messagers entrèrent dans le jardin des bambous, ils trouvèrent le Bouddha expliquant la loi devant une grande foule. Ils furent tellement ravis par la parole et le visage du maître qu'ils restèrent suspendus à son discours plein de compassion, d'autorité, parfait, pur, éclairant tout et sortant de ses lèvres sacrées. Comme des abeilles attirées hors de leur ruche par la fleur du môgra, les envoyés l'un après l'autre en écoutant le Bouddha oubliaient leur message et se mêlaient au train du maître. L'un d'eux enfin se boucha les oreilles avec du coton et ainsi il put parler. Le Bouddha répondit : « Sûrement je viendrai. C'est mon devoir et ma volonté qu'aucun homme ne cesse de rendre respect à ceux qui lui ont donné la vie. »

Une foule immense stationnait devant la ville de Kapilavastou pour assister à l'entrée du Bouddha. On avait semé des fleurs et dressé des arcs de triomphe. Yasôdhara était là, sous une tente, le cœur palpitant, attendant son époux.

Yasôdhara vit s'approcher quelqu'un qui avait la tête rasée et portait la robe jaune des moines mendians avec la ceinture de l'ermite. Il tenait dans sa main l'écuelle de terre en forme de melon et s'arrêtait à chaque porte pour demander l'aumône. Si on lui donnait quelque chose, il souriait en guise de remercîment ; si on ne lui donnait rien, il s'en allait avec le même sourire. Deux moines le suivaient dans le même costume. Mais il portait son écuelle si dignement, il remplissait l'air d'une présence si auguste, ses yeux étaient si rayonnans de sainteté, que beaucoup de gens le regardaient avec effroi, d'autres se courbaient en adoration, d'autres couraient chercher de nouvelles aumônes et s'affligeaient d'être pauvres. Femmes, hommes et enfans couraient derrière lui et mettant la main devant leur bouche, ils murmuraient : « Qui est-ce ? Jamais un Richi n'a eu cet air. » Lorsqu'il s'arrêta devant le pavillon de Yasôdhara, elle s'écria : « Siddârtha ! mon seigneur ! » avec de grands yeux ruisselans et les mains jointes. Ensuite elle tomba en sanglotant à ses pieds et resta là.

Le roi ayant entendu que son fils était venu en mendiant entra dans une grande colère. Il monta sur son cheval de guerre, enfonça ses éperons dans ses flancs et se jeta à travers la foule. Arrivé à la porte de la ville, il aperçut le Bouddha parlant au peuple, sa femme prosternée à ses pieds. Dès que Çâkya-Mouni vit son père, il le regarda avec vénération et s'agenouilla devant lui.

Le roi Çouddhôdana dit : « Ai-je donc vécu si longtemps pour que le grand Siddârtha entre dans mon royaume, vêtu en haillons, la tête tondue, avec des sandales et demandant sa nourriture aux misérables, lui dont la vie était celle d'un dieu ?

— Mon père, répondit le fils, c'est l'usage de ma race.

— Ta race, dit le roi, compte cent trônes depuis Mahâ-Sammat, mais pas d'action semblable à celle-ci.

— Je n'ai pas parlé d'une ligne mortelle, dit le maître, mais d'une descendance invisible : les Bouddhas qui ont été et qui seront. J'en suis un ; et ce qu'ils ont fait, je le fais. Ce qui arrive maintenant est arrivé autrefois : on a vu un roi en cotte de mailles rencontrer son fils ; et ce fils qui était par amour et par empire sur lui-même plus fort que les plus grands rois dans toute leur puissance, ce sauveur prédestiné des mondes, s'est courbé comme je le fais et a offert humblement ce qui était pour lui une tendre dette : les prémices du trésor qu'il avait apporté.

— Quel trésor ? dit le roi étonné en descendant de cheval. » Le maître prit la main royale de son père et ils traversèrent les rues, le roi d'un côté, la princesse de l'autre. Tout en marchant, il expliquait les quatre vérités qui enferment la sagesse comme les rivages enferment la mer. Yasôdhara avait pris l'écuelle de son mari et écoutait avec de grands yeux. Une nouvelle lumière éclairait son regard charmant, un nouveau soleil essuyait ses larmes.

Près de l'actuelle Mâgara, emplacement de la cité disparue du roi Çouddhôdana, il y avait dans les jours anciens des jardins splendides étagés en terrasse sur la colline. Çà et là des fontaines et des pavillons d'été. Sous ces ombrages délicieux, les torrens coulant des montagnes entretenaient une fraîcheur éternelle dans un éternel printemps. C'est là que le Bouddha enseigna souvent sa doctrine. Le maître était entouré d'une assemblée de brahmanes, de religieux, de gens venus de toutes les parties de l'Inde. Près de lui se tenaient attentifs beaucoup d'hommes de la race de Çâkya, son disciple favori Ananda et son cousin Dévadatta. Entre ses genoux souriait son fils Rahoula ; ses yeux émerveillés d'adolescent regardaient le visage imposant de son père. Aux pieds du maître était assise la douce Yasôdhara, jadis son épouse, maintenant la plus proche de ses sœurs innombrables, sans angoisse de cœur, prévoyant qu'un noble amour qui ne se nourrit pas des sens, qu'une vie qui ne connaît pas d'âge met fin à la mort au dedans de nous-mêmes. La sagesse coulait des lèvres du Bouddha. Il disait :

Ce n'est pas avec des paroles qu'on mesure l'infini, et le fil de la pensée se perd dans l'abîme insondable. Celui qui questionne se trompe ; celui qui répond se trompe ; ne dis rien.

Les livres disent qu'au commencement, Brahma méditait dans la nuit. Mais aucun œil mortel ne l'a aperçu. Voile après voile se lèvera ; la lumière augmentera ; mais les voiles eux-mêmes sont sans nombre.

Ce qu'il vous importe de savoir, c'est que toute cause engendre un effet. Terre, ciel et mondes tournent sur une roue que rien ne peut arrêter. Ne pensez pas qu'à votre prière, l'obscurité se changera en lumière. Ne cherchez pas à gagner la faveur des dieux impuissans par des sacrifices et de vains dons.

Oh ! frères et sœurs, c'est en vous-mêmes qu'il faut chercher la délivrance ; car l'homme se bâtit lui-même sa prison. Dans les cieux bienheureux, les anges recueillent le fruit de leur passé ; dans les mondes inférieurs, les démons expient le mal qu'ils ont commis. La roue tourne sans cesse : celui qui monte peut redescendre ; celui qui tombe peut monter.

Mais rien ne vous force à rester liés sur la roue. Brisez les liens qui vous attachent ; et l'âme des choses vous sera douce, et dans le cœur de l'être vous trouverez un repos céleste.

Moi, le Bouddha, qui ai pleuré avec mes frères et dont le cœur a été brisé par les douleurs du monde, je souris et je suis heureux ; car je sais que la liberté existe. La volonté est plus forte que la douleur.

Oh ! vous qui souffrez, sachez que vous souffrez par votre propre faute. Les livres disent vrai. La vie de chaque homme est le résultat de ses vies passées ; les fautes passées amènent la douleur, le bien passé engendre la félicité.

Si celui qui comprend d'où provient la souffrance la supporte avec patience, s'il lutte dans l'amour et la vérité pour payer les dettes de son passé ; si, jour après jour, il se montre miséricordieux et juste ; s'il arrache de son cœur les racines saignantes du désir jusqu'à ce que l'amour de la vie ait pris fin ;

Lorsqu'il mourra, son compte sera réglé ; il n'aura plus besoin de vivre de ce que vous appelez la vie, il ne connaîtra plus les aspirations torturantes, le péché qui souille ; les battemens douloureux des joies et des douleurs terrestres ne troubleront plus sa paix. Il s'en va dans le Nirvâna ; il ne vit pas comme nous, mais il est un avec la vie.

C'est ici la doctrine du *Karma*. Lorsque la rouille du péché a disparu, lorsque la vie meurt comme une flamme consumée, alors seulement la mort meurt avec elle.

Vous qui voulez suivre la route royale, écoutez les quatre grandes vérités ; la première est de connaître la douleur ; la seconde, de pénétrer sa cause, le désir ; la troisième consiste dans la fin de la douleur, qui est l'amour de soi vaincu, la convoitise domptée. N'aimez pas votre corps, aimez la beauté éternelle ; ne vivez pas de vous-mêmes, vivez du divin.

La quatrième vérité, c'est de connaître la voie qui mène au refuge. L'âme courageuse se hâte, l'âme faible s'attarde, mais toute volonté atteindra le blanc sommet inondé de soleil.

Comme celui qui est debout sur une cime neigeuse ne voit au-dessus de sa tête que le bleu de l'infini, ainsi l'homme qui s'est vaincu lui-même est arrivé au bord du Nirvâna. Il est envié des dieux inférieurs, et les trois mondes en ruine ne sauraient l'ébranler. Le *Karma* ne lui construira pas de nouvelle demeure.

Si quelqu'un enseigne que le Nirvâna, c'est vivre, dites-lui qu'il se trompe ; si quelqu'un enseigne que le Nirvâna, c'est cesser d'être, dites-lui qu'il ment. Car il ne sait pas quelle est la lumière qui brille au-delà de sa lampe brisée ; il ne connaît pas la vie sans fin, la félicité que ne mesure plus le temps.

Entrez dans la voie ! Elle mène aux sources qui apaisent toute soif, et ses bords sont tapissés de fleurs immortelles[Z].

Ainsi parlait le maître. Elle descendait l'heure où s'évanouit la lumière du jour, où les cimes lointaines de l'Himalaya se colorent comme des feuilles de rose. On eût dit que la nuit écoutait dans les vallées et le jour sur les montagnes. Entre l'âme du Bouddha et celle de ses auditeurs, le soir était debout comme une jeune fille frappée d'amour et de ravissement. Et tous se sentaient apaisés en écoutant celui dont la parole parfume les trois mondes.

Le Bouddha enseigna sa doctrine pendant plus de quarante ans, voyageant et prêchant à travers toute l'Inde du nord. Il fonda des ordres religieux d'hommes et de femmes, convertit trois rois et trois royaumes. — À l'âge de quatre-vingts ans, il revenait de Râdjagriha dans le Magadha, accompagné d'Ananda et d'un grand nombre de disciples. Arrivé sur le bord méridional du Gange et sur le point de le passer, il se tint debout sur une grande pierre carrée, regarda son compagnon avec émotion et lui dit : « C'est pour la dernière fois que je contemple la ville de Râdjagriha et le trône de diamant. » Après avoir traversé le Gange, il visita la ville de Vaïçali, il y ordonna plusieurs religieux, dont le dernier fut le mendiant Soubhadra ; puis il se remit en route. Au nord-ouest de la ville de Koucinagara, il fut atteint d'une défaillance et s'arrêta dans une forêt de çalas (*Shorea robusta*). C'est là qu'il expira, ou comme disent les bouddhistes, qu'il entra dans le Nirvâna. Saint Benoît et l'empereur Septime Sévère voulurent mourir debout. Le Bouddha, qui avait passé sa vie à poursuivre le repos suprême, mourut presque en marchant.

VI.

Telle est dans ses grandes lignes la vie du Bouddha, que M. Edwin Arnold a tenté de rendre dans son beau poème avec les couleurs de Valmiki et de Calidâsa. J'y ai joint quelques menus faits de la légende, dans lesquels j'ai cru reconnaître le trait vivant et personnel et je me suis efforcé d'accentuer, dans le phénomène du Nirvâna, ce caractère d'extase transcendante où la psychologie et la métaphysique se fondent comme en un centre incandescent.

Une série de considérations esthétiques d'un haut intérêt se présenterait ici, s'il nous plaisait de comparer à ce point de vue le génie de l'Inde au génie de l'Occident. Mais il y a des pensées d'un ordre supérieur qui s'imposent en face d'un tel sujet. Je préfère donc me demander, en terminant, ce qu'il faut croire du personnage historique du Bouddha, quel est le sens véritable de sa doctrine, enfin quelle place elle occupe dans l'ensemble du développement philosophique et religieux de l'humanité. De telles questions, je le sais, ne se résolvent pas en dix lignes. Je voudrais simplement en indiquer l'importance et la manière nouvelle dont elles se posent aujourd'hui.

J.-J. Rousseau a prononcé en faveur de l'authenticité relative des évangiles un mot qui n'a rien perdu de sa force après l'immense travail de la critique du xixe siècle : « Dirons-nous que l'histoire de l'évangile est inventée à plaisir ? Ce n'est pas ainsi qu'on invente. Au fond, c'est reculer la difficulté sans la détruire ; il serait plus inconcevable que plusieurs hommes d'accord eussent fabriqué ce livre, qu'il ne l'est qu'un seul en ait fourni le sujet. L'évangile a des caractères de vérité si grands, si frappans, si parfaitement inimitables, que l'inventeur en serait plus étonnant que le héros. » Ce raisonnement, fort juste en ce qui concerne la personne morale du Christ, nous paraît s'appliquer dans une large mesure au plus grand réformateur religieux de l'Inde. Il est vrai que la question se présente en des conditions très différentes. Si, d'une part, la rédaction des premiers évangiles est postérieure d'une cinquantaine d'années à la mort de Jésus, de l'autre, nous possédons sur sa réalité historique des témoignages contemporains et irrécusables. Au contraire, les plus anciens documens sur la légende du Bouddha sont postérieurs de plus d'un siècle à la date présumée de sa mort. La critique et le doute ont donc beau jeu. Tout récemment, dans son *Essai sur la légende de Bouddha*, M. Senart essayait de ramener toute l'histoire du fondateur du bouddhisme au développement d'un mythe solaire. Cette gageure de savant, avec ses rapprochemens ingénieux et son luxe de mythologie comparée, nous a paru à peu près aussi convaincante que cet amusant livre où l'auteur démontre victorieusement que Napoléon Ier n'a jamais existé. Il est facile de voir dans la légende du Bouddha une superfétation d'élémens mythologiques qui se sont cristallisés autour du noyau de l'histoire, mais ce noyau forme un tout solide et homogène. Nous pouvons ici juger de la nature de la cause par la puissance de l'effet. Jamais un simple mythe n'a produit une rénovation religieuse. À l'origine de toute grande réforme il y a un initiateur. De la légende du Bouddha il ressort une personnalité tranchée, un mélange très particulier de familiarité, de grandeur et de profondeur raisonnée qui le distingue nettement des héros plus mythologiques, tels que Rama, Krichna et tant d'autres. Ce n'est pas la légende qui peut créer un tel homme ; c'est l'homme qui a provoqué la légende et lui a communiqué sa vibration personnelle.

Que Çâkya-Mouni ait été ou non un fils de roi, et cela est fort probable, une chose paraît certaine : il dut être un initié de cette doctrine ésotérique, dont l'Inde nous offre des traces à tous les âges et dont on trouve les premiers germes dans les Védas, doctrine qui eut toujours des adeptes aussi bien parmi les ascètes et les Richis que parmi les brahmanes très avancés, mais qu'on cachait sous le voile du mystère. Le brahmanisme, du temps de Bouddha, était tombé en décadence. Inflexible et dur vis-à-vis des castes inférieures, il inclinait dans sa conception de la vie et de son au-delà vers un matérialisme grossier. Çâkya-Mouni, mû par un grand sentiment d'humanité, résolut de mettre fin à cet état de choses. Il passa par tous les degrés de l'initiation ascétique. Une fois parvenu par ses méditations et ses épreuves aux vérités supérieures qu'il cherchait, il donna à la doctrine ésotérique, qui était restée jusque-là purement intuitive et personnelle, une forme plus générale, plus raisonnée, plus incisive dans le sens du renoncement et de la spiritualité. Armé de cette doctrine, il se proposa deux buts : d'abord l'organisation hiérarchique de l'adeptat ascétique, qui avant lui était resté libre et individuel. Il le rendit plus sévère, l'entoura de barrières presque infranchissables. La seconde grande pensée du Bouddha fut la diffusion dans toutes les castes de la doctrine sous une forme relativement populaire. Il atteignit le premier but par la fondation et l'organisation des ordres religieux dont nous ne connaissons que l'extérieur, mais non les articles ésotériques et la direction secrète. Il atteignit le second par l'enseignement populaire de sa doctrine. De là cette grande révolution religieuse qui força le brahmanisme lui-même à se transformer, fit rayonner la pensée indoue à travers toute l'Asie et alla répandre des germes imperceptibles mais féconds de vie spirituelle jusqu'en Judée et en Grèce.

Nous n'entrerons pas ici dans l'examen de la métaphysique du Bouddha ; bornons-nous aux réflexions essentielles. — Quelle a été l'attitude intime du Bouddha devant le sphinx de la destinée ? Quelle fut sa réponse à la grande énigme ? — Nous nous trouvons aujourd'hui en présence de deux Bouddhas fort divers et au fond contradictoires. Le premier est celui que la science occidentale nous a présenté jusqu'à présent. C'est un Bouddha pris à la lettre et vu par le dehors, commenté et compris par des philologues et des mythologues plutôt que par des penseurs et des philosophes. Notre légende scolastique en a fait un pessimiste radical à la façon de Schopenhauer. Son trait essentiel aurait été l'horreur de la vie et la soif du néant. Ayant désespéré de tout autre moyen de salut, il aurait aspiré à l'inconscience, au néant final pour lui et ses semblables et aurait imaginé pour y parvenir son système subtil de la suppression de tous les effets par la suppression de la cause première : le désir. Cette manière de comprendre le Bouddha et son système est absolument matérialiste. L'âme, même lorsqu'elle renaît, n'existe que par l'union avec le corps. Entre ces diverses vies il y a ni souvenir ni lien. La matière est la cause de tout et le vide final le but à poursuivre. C'est par cette doctrine que le Bouddha aurait triomphé du brahmanisme et converti un tiers du genre humain.

L'autre Bouddha est celui que nous présentent les néo-bouddhistes indous et que M. Edwin Arnold a voulu nous peindre. C'est un Çâkya-Mouni d'un spiritualisme transcendant et d'une haute sérénité, beaucoup plus en rapport avec son milieu indou, avec les doctrines des Oupanishads, les spéculations brahmaniques et le panthéisme idéaliste du Védanta. Son côté négatif ne s'adresse qu'à la partie inférieure de l'homme ; son côté positif a pour but son épuration grandissante. S'il ne se lasse pas d'affirmer le néant de la matière, c'est pour pousser les hommes à la spiritualité. L'univers lui apparaît comme une immense évolution dont toutes les étapes coexistent dans l'infini, mais dont nous n'apercevons que les degrés inférieurs dans les règnes de la nature et dans les états déjà parcourus de l'humanité. Seulement, en dessous, derrière et au-dessus de cette évolution matérielle dont la science d'aujourd'hui n'admet que le côté extérieur et visible, la doctrine ésotérique, dont le Bouddha fut le premier grand vulgarisateur, aperçoit une contre-partie spirituelle qui est à la fois sa force impulsive et son but final. Car, de même que l'humanité, partie de l'animalité, aspire à un état divin, de même la monade qui constitue l'individu traverse toutes les échelles de l'être. Une fois parvenue à l'homme, ses incarnations successives s'entrecoupent de longues existences spirituelles qui sont à son évolution totale ce que le sommeil et le rêve sont à l'état de veille, mais qui, loin de supprimer la conscience, la développent et l'exaltent. Par ces migrations à travers des millions d'années, la conscience de l'âme va toujours s'élargissant et s'approfondissant, si bien, que, selon la légende, le Bouddha finit par se souvenir de ses existences antérieures, parce que, dès cette vie, il atteint à la perfection. Cette métaphysique nous paraît fort étrange à nous autres Occidentaux ; mais il est à observer que nous la retrouvons sous des noms et des formes diverses chez des hommes comme Pythagore, Empédocle et Platon, sans parler des néo-platoniciens, des gnostiques et autres théosophes. Chez le Bouddha elle devient à la fois le fondement de la morale et la raison de la charité universelle par la loi du Karma. Ce Karma est l'action réflexe d'une existence sur les suivantes ; les crimes ou les bonnes actions dans l'une produisant les souffrances renforcées ou le bonheur croissant dans les suivantes, aussi sûrement que dans le monde physique le mouvement engendre la chaleur et l'immobilité le froid. Quant au *Nirvâna*, il ne signifie plus le néant, mais le bonheur suprême dans la perfection, c'est-à-dire un état de spiritualité si haut, que l'âme n'a plus besoin de passer par l'épreuve de la réincarnation. C'est l'extinction du moi éphémère, mais aussi l'affirmation du moi transcendant qui ne fait qu'un avec la conscience suprême : *l'Atmaboda* ou l'âme universelle.

Nous ne sommes pas en mesure de dire jusqu'à quel point la doctrine grandiose de la double évolution que le néo-bouddhisme est en train de développer au contact de la science occidentale fut professée par Çâkya-Mouni. Incontestablement, sa doctrine en renferme les principes généraux. Quoi qu'il en soit, le point de vue ésotérique nous donne de lui une image plus vivante et plus sympathique. Il a en outre l'avantage d'être plus conforme au génie de l'Inde et de mieux expliquer le prodigieux ascendant du maître sur ses disciples intimes et de ceux-ci sur la foule.

À mesure qu'on pénétrera mieux dans les arcanes du brahmanisme et du bouddhisme ésotériques, on se rendra mieux compte des rapports intimes entre le Bouddha et le Christ, malgré la distance qui les sépare. La doctrine de Jésus est toute morale, d'intuition et d'élan. Il n'a pas conquis le monde par une philosophie, mais par son divin génie de tendresse, d'espérance et de foi. Il parle au cœur, il s'adresse aux simples. Dans chacune de ses paroles, dans chacun de ses actes, il donne en quelque sorte la substance de la vie spirituelle. Il a le sentiment direct du divin et l'exprime par l'irradiation de tout son être. En le voyant, les sages de l'Inde eussent dit sans doute : Il est de la sphère de *l'Atma,* de l'esprit pur, du septième cercle. Le Christ dit simplement : « Moi et le Père céleste, nous sommes un. » Le Bouddha, lui, considère l'univers dans son évolution ; il monte et redescend la chaîne des causes et des effets ; il ne peut être vraiment compris que par des philosophes. Si le bouddhisme historique n'a produit en général qu'un monachisme stérile et un quiétisme inactif dans son renoncement absolu, il faut reconnaître, d'autre part, que sa doctrine ésotérique fournit une base métaphysique des plus larges à la morale du Christ. Ce seul rapport devient aujourd'hui d'un intérêt puissant. Il nous fait pressentir la grande unité qui domine le développement religieux de l'humanité. Que nous nous placions sur les cimes de l'Himalaya ou sur les hauteurs de la Galilée, nous devons reconnaître que le Bouddha est un frère du Christ et que la lumière de l'Asie est sœur de la lumière de l'Occident.

ÉDOUARD SCHURÉ.

1. ↑ C'est en 1784 que William Jones fonda la Société asiatique de Calcutta.
2. ↑ Une traduction aussi charmante qu'exacte du drame de *Calidasa*, par MM. Bergaigne et Lehugeur, vient de paraître chez l'éditeur Jouaust.
3. ↑ Le livre de Marco Polo, traduit par M. G. Pauthier.
4. ↑ S'il faut en croire les chélas de l'Inde actuelle qui se donnent pour les disciples de la science ésotérique, les mythes et les légendes auraient presque tous un sens secret connu seulement des initiés. *L'étoile à six pointes* correspond au signe du double triangle entrecroisé et entouré du cercle, signe qui représente l'évolution matérielle et spirituelle du monde. Ce double triangle se retrouve dans une foule de temples aryens. Ce symbole a passé de l'Inde en Chaldée et en Perse, de là à la cabale et à la magie du moyen âge. Quant à l'*éléphant blanc*, il signifie dans le bouddhisme ésotérique : un initié. Cela veut dire, selon cette doctrine, que le Bouddha avant sa dernière incarnation avait déjà paru sur la terre comme esprit supérieur, comme sage.
5. ↑ Edwin Arnold, *Light of Asia*, livre II.
6. ↑ *Light of Asia*, livre III.
7. ↑ *Light of Asia*, VIII, *passim*.